Elfriede Wimmer

Hilfe, mein Kind spricht die Giraffensprache

Elfriede Wimmer

Hilfe, mein Kind spricht die Giraffensprache

Eine humorvolle Einführung in die Gewaltfreie Kommunikation

Illustrationen von
Matthias Kahl

Alle Rechte vorbehalten
Copyright © 2016 by Kral-Verlag, Kral GmbH
J.-F.-Kennedy-Platz 2
2560 Berndorf
Tel.: +43 (0) 660 4357604
Tel.: +43 (0) 2672/82 236-0, Fax: Dw. 4
E-Mail: office@kral-verlag.at

Illustrationen von Matthias Kahl
Umschlag- und grafische Innengestaltung:
xl-graphic, Wien | xl-graphic@chello.at

Printed in EU
ISBN: 978-3-99024-505-7

Besuchen Sie uns im Internet: www.kral-verlag.at
und auf facebook unter:
www.facebook.com/KralverlagBerndorf

Inhalt

Vorwort Frau Dir. Dipl.Päd. Brigitte Schmölz, MSc 7

Vorwort Frau Dr. Elisa Zechner, Vorstand vom Verein gewaltfreie Kommunikation Austria 10

Familie Sommer oder der ganz normale Wahnsinn 13

Der Gemeinderat oder Gertrude Zank sieht rot 31

In der Schule oder Nicht alle sind gleich 37

Stammtisch oder Das Fragezeichen des Bürgermeisters 45

Elternabend 51

„Die Giraffensprache" 55

Die Giraffensprache nach Marshall B. Rosenberg – Überblick und Zusammenfassung 60

Fotos von Workshops an Schulen 69

Die 4 Symbole der Giraffensprache 80

Vorwort

Dieses Vorwort schreiben zu dürfen, ist für mich eine große Ehre und Freude, bedeutet es doch, einem ganz besonderen Menschen – eben Elfriede Wimmer – etwas zurückgeben zu dürfen.

In meiner Funktion als Schulleiterin spreche ich ihr noch meinen ganz persönlichen Dank aus, weil sie sicherlich durch das vorliegende Werk dazu beitragen kann, die Gesprächskultur in unserer Gesellschaft – und insbesondere im Schulalltag – zu verbessern.

Wo Menschen sind, da „menschelts" – Konflikte müssen und dürfen sein!

Das Wort „Konflikt"[1] stammt aus dem Lateinischen (confligere) und bedeutet „zusammenstoßen". Wenn zwei oder mehrere Bedürfnisse, Wünsche, Meinungen etc. aufeinandertreffen, entstehen Konflikte. „Konflikte sind wie Krankheiten: unvermeidbar und Teil des Lebens".[2] Sie rechtzeitig zu erkennen, ihnen nicht auszuweichen, sie zu analysieren und sie als Chancen zu begreifen, angemessene Schritte zur Bewältigung und Lösung einzuleiten, ist bereits Aufgabe des sozialen Lernens in der Schule. Elfriede Wimmer bearbeitete diese Thematik bis jetzt nur in ihren zahlreichen Kinderbüchern – speziell aber in ihrem Werk „Ein Stern für die 3a" – und während ihrer Workshops mit den Kindern in der Klasse. Wie keine andere versteht es die Autorin, dabei das Sprichwort „Nicht für die Schule, sondern für das Leben lernen wir!" umzusetzen. Grundlage für ihre Arbeit sind

---
[1] Vgl. Volker, S. 98ff.
[2] Wingert, 2006, S. 148.

nämlich die Gedanken und Strategien Marshall Rosenbergs zur „Gewaltfreien Kommunikation".

Rosenberg[3] ist davon überzeugt, dass die Ursache von Gewalt in der Art und Weise liegt, wie wir gelernt haben, zu denken, zu kommunizieren und mit Macht umzugehen. Er unterscheidet sinngemäß „Wolfssprache", die Sprache, die Leute mit Kommunikationsproblemen sprechen, die andere also verletzen und demütigen bzw. „Giraffensprache", die empathisch und einfühlend ist, das heißt, in verschiedensten Situationen Worte dafür findet, was in uns vorgeht. Den Namen für diese Sprache hat er gewählt, weil Giraffen riesengroße Herzen haben und mit vielen positiven Eigenschaften in Verbindung gebracht werden können. Auf den Punkt gebracht, kann man daraus ableiten:

> WAS DER ANDERE TUT, TUT ER FÜR SICH –
> NICHT GEGEN MICH!

„Hätten wir das alles bloß schon während unserer Schulzeit gelernt!", denkt sich da sicherlich nun so mancher Leser bzw. manche Leserin.

Das vorliegende Buch möchte daher allen, die nicht mehr die Schulbank drücken dürfen und somit nicht in den Genuss eines Elfriede-Wimmer-Workshops kommen können, auf ansprechende, humorige, augenzwinkernde Weise diese Thematik näherbringen. Dabei fungiert die Autorin in bewährter Art als Dolmetscherin, um uns in die Grundkenntnisse der „Giraffensprache" einzuführen.

---

[3] Vgl. Rosenberg, 2012, S. 10ff.

Ich wünsche Ihnen dieselbe Freude beim Lesen dieses Buches, so wie ich sie erleben durfte und einen großen Erkenntnisgewinn zur persönlichen Bereicherung.

Brigitte Schmölz

Literatur:

Blaichinger, Norbert/Keppelmüller, Joachim/Pirkl, Friedrich/Riedl, Johannes/Volker, Klaus (2003): Wie ich eine Schule erfolgreich führe; Innsalz Pädagogik, Aspach.

Rosenberg, Marshall B. (2012): Konflikte lösen durch Gewaltfreie Kommunikation; Herder Verlag, Freiburg, Basel, Wien.

Wingert, Ortwin (2006): Schule erfolgreich leiten; Trauner Verlag + Buchservice GmbH, Linz.

Vorwort der Obfrau von „Gewaltfreie Kommunikation Austria" Dr. Elisa Zechner

„Was immer wir tun, tun wir, um unsere Bedürfnisse zu erfüllen" ("M. B. Rosenberg)

In der Gewaltfreien Kommunikation geht es um das Entdecken unsere Bedürfnisse und Gefühle. All das, was uns wirklich wichtig ist und unser Handeln motiviert.

Zentrale Absicht der Gewaltfreien Kommunikation ist, uns dabei zu unterstützen, wertschätzende, gegenseitig bereichernde Beziehungen zu pflegen. Verbunden mit unserer eigenen Verletzlichkeit und Stärke, jenseits von Urteilen und Forderungen uns in den anderen einzufühlen.

Auf diese Weise gestalten wir wirksam eine Welt mit, in der Konflikte auf friedliche Weise gelöst werden und sich die Bedürfnisse aller Menschen erfüllen können.

*Das Bild der Giraffe wird verwendet, weil sie das Säugetier mit dem größten Herzen ist, ihre langen Beine ermöglichen eine weite Perspektive und der lange Hals symbolisiert, dass es ein Weilchen braucht, um aus der Herzensebene zu kommunizieren.

„Was immer du tust, tu es mit der Freude eines entenfütternden Kindes..." (M. B. Rosenberg)

Elfriede Wimmer folgt in ihrer Arbeit dieser Empfehlung Marshall B. Rosenbergs, dem Schöpfer der Gewaltfreien Kommunikation. Sie unterstützt damit Kinder und Erwachsene im Sozialen Lernen und im Prozess des Mensch-Werdens.

Ich wünsche den Leserinnen und Lesern Neugier und Lust, sich wie Kinder auf die „Giraffen*sprache" einzulassen, um damit ihr eigenes Leben und das Miteinander zu bereichern.

Dr. Elisa Zechner

1 Familie Sommer oder Der ganz normale Wahnsinn

Während sich Doris Sommer mit zwei vollen Einkaufssackerln, die jeden Moment zu reißen drohen, durch den Abendberufsverkehr kämpft, fällt ihr ständig eine Haarsträhne – was sie ehrlich gesagt, ziemlich aggressiv macht - ins Gesicht. Mit dem Ellenbogen versucht sie, sie vergeblich zurückzustreifen. Ihr ist klar, sie muss dringend zum Friseur. In ihrem Kopf schlägt sie geistig den Kalender auf. Montag nach dem Büro das Auto zur Reparatur bringen – damit die Schlepperei endlich ein Ende hat, Dienstag, Mitarbeiterbesprechung – kann länger dauern. Nicht vergessen, Kurt Bescheid zu sagen – Kinder abholen, Streit ist vorprogrammiert. Mittwoch Zahnspangentermin mit Leo, danach Omas Geburtstag – oh mein Gott, muss das sein? Donnerstag Elternsprechtag – wer geht hin?

Kurt oder sie? Freitag, weiß sie nicht mehr,
Samstag, Sonntag, Hilfe sie hat die Kinder!

Die schweren Sackerl schneiden Doris in die Handfläche, sie keucht zum dritten Stock hinauf, der Lift funktioniert noch immer nicht – sie muss dringend mit der Hausverwaltung sprechen.

Ein Glück, keine der beiden Tragtaschen ist gerissen, sie stellt eine davon mit einem Seufzer der Erleichterung vor der getäfelten, cremeweiß gestrichenen Doppeltüre ab und sucht nach dem Schlüssel. Nie, nie findet sie den Schlüssel! Die Haarsträhne löst sich, aus reiner Bosheit schon wieder und fällt ihr über die Augen, sie bläst sie weg, die Strähne beginnt erneut, zu rutschen, ihr Puls beschleunigt sich. Sie ist so was von sauer. Sie läutet entnervt an der Tür, sie wartet, sie läutet, sie lässt das zweite Sackerl fallen und trommelt aufgebracht gegen die verschlossene Tür. Ihre achtjährige Tochter Nina öffnet mit vorwurfsvollem Blick. „Wo warst du so lange? Wir haben Hunger."

Mit zusammengebissenen Zähnen reißt Doris den Einkauf an sich und schleppt ihn durch das Vorzimmer, in dem Jacken und Mäntel, passend für jede Jahreszeit übereinander hängen, in die Küche. Dabei stolpert sie über ein Matchbox-Auto von Leo, aus dessen Zimmer gesundheitsschädlicher Lärm gegen ihre Ohren kracht. Während sie mit energischen Schritten in Richtung Lärmquelle marschiert, sieht sie aus den Augenwinkeln, wie Nina, sich über den Einkauf, hermacht, den sie zuvor auf den Küchentisch abgestellt hat.

„Nicht vor dem Essen!", brüllt sie über die Schulter und registriert flüchtig, dass Nina zusammenzuckt.

Kurz flackert so etwas Ähnliches wie ein schlechtes Gewissen in ihr auf, das sofort wieder erlischt, als sie Leos Zimmer betritt. Frust, Wut, Stress brechen blind über ihr zusammen. Chaos, überall Chaos! Spielsachen, Klamotten, Schulsachen auf dem Boden, zwischen Chips und Bananenschalen, das neue Handy und die Converse, die eigentlich nicht ins Zimmer gehören.

Der Fernseher brüllt, als gäbe es keine Möglichkeit, die Lautstärke zu regulieren.

Doris schnappt nach Luft und kreischt. „Da arbeitet man den ganzen Tag nur für euch, hetzt durch den Supermarkt, kocht, putzt wäscht ... und dann das! *Du* bist undankbar, *du* denkst nur an dich, *du* nervst!"

Leo wird rot im Gesicht. „*Du-Botschaften!*", glaubt Doris zwischen seinen zusammengepressten Lippen zu hören, bevor er aufspringt, sie anrempelt und ohne ein weiteres Wort aus dem Zimmer stürzt.

„Was ist?", fragt Nina leise. Ihre Mutter sieht sie nicht, sie sieht nur rot. Zornig stapft sie hinter ihrem Sohn her und schnappt ihn sich im Vorzimmer, bevor er sich seine Jacke überziehen kann, die er bereits in der Hand hält.

Leo sieht seine Mutter herausfordernd an. Ihr rechtes Augenlid beginnt, nervös zu zucken. „Drei Tage Hausarrest!", zischt sie mit zusammengebissenen Zähnen. Leo lässt seine Jacke auf den Boden fallen und stürmt in sein Zimmer zurück.

Die Tür knallt!

Alle Energie verlässt Doris, als sie sich in der Küche in den Sessel fallen lässt. So, dem hat sie es gegeben! Nicht mit ihr! Noch hat sie hier das Sagen, sie hat die Macht!

Das Blöde bei der Sache ist nur, dass morgen genau das Gleiche wieder passieren wird. Wie in einem Teufelskreis, aus dem sie keinen Ausweg findet.

„Wenn du tust, was du immer getan hast, wirst du bekommen, was du immer bekommen hast!"

Warum kommt ihr genau jetzt dieser doofe Spruch in den Sinn? Sie hat, ehrlich gesagt, keinen Nerv für Sprüche! Echt keinen Nerv! Aus den Augenwinkeln bemerkt sie Nina, die still in der Tür steht. Sie bewegt sich nicht, sie sagt nichts, sie sieht ihre Mutter nur an. Flüchtig regt sich ein echt unangenehmes Gefühl der Hilflosigkeit in ihr, das allerdings sofort beim Blick auf die Uhr abgewürgt wird und Doris stellt fest: „Kurz vor sieben!" Mühsam hievt sie sich aus ihrem Sessel hoch und beginnt wortlos, die Einkaufstaschen auszuräumen. „Hast du die Hausaufgaben gemacht?", fragt sie in Richtung Nina, die noch immer wie angenagelt in der Tür steht.

„Mach ich nicht, ist blöd!"

„Was ist blöd?" Doris räumt Milch und Wurst in den Kühlschrank, legt den Salat neben das Waschbecken und beginnt, ihn zu zerpflücken. Dann lässt sie kaltes Wasser darüber rinnen und gibt ihn in eine Glasschüssel, die sie aus der mittleren Lade neben dem Herd holt. Danach beginnt sie, die Hühnerkeulen zu würzen. Sie stellt das Backrohr auf 200 Grad und legt das Fleisch auf eine Folie, die sie über das Blech gebreitet hat und schiebt alles in das Rohr. Beim Bücken löst sich schon wieder eine Strähne der nervenden Haare und kitzelt sie aufmüpfig in der Nase. Doris zischt ins Badezimmer, um sie mit einem Haarreifen zu bändigen.

Fast hätte sie Nina niedergerannt, die immer noch in der Tür steht.

Ach ja! Hausaufgabe! „Was ist blöd?", fragt sie und versucht ihren hysterischen Ton auf eine halbwegs normale Frequenz herunterzuschrauben.

„Alles, was diese Frau gesagt hat, ist blöd!", stellt Nina trocken fest.

Doris merkt, wie es unter ihren Haarwurzeln zu kribbeln beginnt. „Nina, bitte gib vollständige Antworten! Wen meinst du mit ‚diese Frau'?"

„Na, die, die seit zwei Wochen in der Schule ist."

„Habt ihr eine neue Lehrerin?"

„Nö."

„Wer ist dann bei euch in der Schule?"

„Ich glaube, es ist eine Giraffe."

Das Kribbeln wird stärker. „Ist es nun eine Frau oder eine Giraffe?", sie versucht, ruhig zu bleiben.

„Genaugenommen ist es eine Frau, aber sie spricht die Giraffensprache."

„Aha!" Doris versteht nur Bahnhof und schaut irritiert auf ihre Tochter, die sie vorwurfsvoll ansieht.

„Papa hat es unterschrieben, hat er dir nichts gesagt?"

Jetzt wird das Kribbeln unerträglich. Natürlich! Sie hätte es sich denken können, da steckt wieder Kurt dahinter! Er hat sie wieder einmal nicht informiert.

Frustriert sucht sie nach ihrem Handy. Doch immer, wenn man es braucht, scheint es sich in Luft aufzulösen. Sie durchsucht ihre Handtasche, rast vor Wut schnaubend durch die Wohnung, schaut im Bad nach, in der Toilette, zieht im Vorzimmer alle Laden auf und durchstöbert den Müll.

Sie reißt die Tür zu Leos Zimmer auf und kreischt:

„Ruf mich an, ich finde das verdammte Handy nicht."

„Noch nie etwas von anklopfen gehört?" Leo schaut seine Mutter eisig an. „Außerdem dürfen durchaus auch Erwachsene ‚bitte' sagen. Ich werde in der Schule anregen, dass auch Eltern die Giraffensprache lernen sollen. Manchmal denke ich echt, dass die es nötiger haben, als wir."

Doris vergisst, Leo anzuschreien, und bleibt stattdessen mit offenem Mund mitten in seinem Zimmer stehen und starrt ihn an. „Seid ihr alle verrückt geworden?"

„So könnte man es allerdings auch bezeichnen", antwortet Leo kühl.

„Wir stellen Dinge in Frage, betrachten sie aus einer anderen Perspektive und verrücken sie dann, wenn nötig!"

Ein Hubschrauber dröhnt durch ihren Kopf und versucht, zu landen. Es gelingt ihm nicht. Warum spricht ihr Sohn in Rätseln? Da passiert etwas in der Schule, das sie wissen sollte! Leo tippt in sein Handy und ihr Klingelton meldet sich dumpf aus der Küche. Sie rennt dem Geräusch entgegen und ortet es aus einer der Laden neben dem Kühlschrank. Wurst, Milch, Salatschüssel. Ja, da ist es! Im Tausch gegen die Salatschüssel muss es irgendwie dort hineingelangt sein. Erleichtert schnappt sie ihr Handy, tippt Kurts Nummer und wartet.

„Gibt es keine Kartoffeln", fragt Nina.

Ach, du liebe Zeit! Kartoffeln!

„Kurt Sommer." Es gibt ihr immer noch einen Stich, wenn sie ihn hört! Sie schnappt nach Luft und versucht, das Zittern in ihrer Stimme zu unterdrücken. „Hallo, ich bin's. Was ist mit der Giraffensprache", kommt sie vor Nervosität gleich auf den Punkt.

„Was meinst du mit Giraffensprache? Noch nie gehört! Ist das ein Buch, das die Kinder bei mir vergessen haben?"

„Nein! Ich versuche gerade, herauszufinden, was es ist! Nachdem du das Papier unterschrieben hast, sollte man meinen, dass du es auch gelesen hast! Das tun normale Menschen üblicherweise!"

„Was?"

„Jetzt stell dich nicht so an! Nina sagt, du hast etwas für die Schule unterschrieben." Die Stimme von Doris nimmt automatisch diesen „Ehefrau regt sich über Ehemann-Ton" an und wird nicht nur lauter, sondern auch um eine Oktave höher, was man auch als hysterisch bezeichnen könnte.

„Kannst du mich vielleicht einmal, nur ein einziges Mal informieren, wenn du so etwas machst? Ich stehe wieder einmal wie ein Idiot da und weiß von nichts! Das ist typisch! Du bist unzuverlässig, egoistisch und hast dich nicht geändert!"

Doris hört ein Klicken, Kurt hat aufgelegt. Einfach aufgelegt! Das ist das Letzte! Nein, nicht mit ihr! Sie drückt auf Wiederholung, da läutet es an der Tür. Nina hat die Kartoffeln auf die Arbeitsfläche gelegt und fischt ein Messer aus der obersten Küchenlade.

„Finger weg von dem Messer!", ruft Doris über die Schulter, während sie, mit dem Handy am Ohr, in Richtung Eingangstür rast. „Hast du dich beruhigt? Können wir wie Erwachsene miteinander reden, oder bevorzugst du es, deinen unangebrachten Tonfall weiterhin beizubehalten?", hört sie Kurts zynische Stimme durch das Telefon, während sie die Tür aufreißt. Vor ihr, flankiert von zwei Töpfen mit Bauernhortensien, steht der Vater von Niko aus Leos Fußballklub, Herr Dr. Melzer. Sie reißt die Augen auf und drückt aus Versehen ihren Mann weg. „Verdammt!"

„Wie bitte?"

„Entschuldigung", sagt sie kleinlaut und scheitert kläglich an dem Versuch, die Situation zu erklären: „Nicht sie, ich meine, es ist mein Mann, ach egal! Möchten sie hereinkommen?"

„Das wird nicht nötig sein", sagt der Mann, den Doris vom Elternsprechtag kennt. Er wirkt etwas irritiert, und verzieht leicht säuerlich sein Gesicht. „Ich möchte sie lediglich darum ersuchen, dass sie ihrem Sohn bessere Manieren beibringen! Er denkt offensichtlich, dass die Giraffensprache alles entschuldigt. Aber da hat er vermutlich etwas missverstanden."

„Was? Ich verstehe immer ‚Giraffensprache'."

„Ich denke, dass Sie eben genau das nicht verstehen!" Doktor Melzer will eben auf dem Absatz kehrt machen, als er entsetzt seine Augen aufreißt. Doris dreht sich um und sieht ihre Tochter mit einem Küchenmesser hinter ihr auftauchen.

„Da wundert mich nichts mehr!", stöhnt Thomas Melzer auf und sucht fluchtartig das Weite.

Doris Sommer kann nicht anders, sie beginnt haltlos, erst leise, dann immer lauter zu kichern. Sie verschluckt sich und schaut auf Nina, die mit ernstem Gesicht, das große Messer zwischen ihren kleinen Händen dasteht und vorwurfsvoll sagt: „Das Fleisch verbrennt und die Kartoffeln sind immer noch nicht fertig!"

Doris möchte etwas sagen, doch es scheint, als würde sich der ganze Stress in einem nicht endend wollenden Lachanfall, gemischt mit unkontrollierbarem Glucksen entladen. Sie stolpert in die Küche und dreht das Backrohr auf 100 Grad zurück. Dann versucht sie, unter heftigen Schluckauf-Attacken die von Nina bereits geschälten Kartoffeln zu vierteln und in einen Topf mit Butter zu geben.

„Wir essen – hicks – in zehn Minuten – hicks", sie hält die Luft an, trinkt Wasser in drei kleinen Schlucken – soll angeblich bei Schluckauf helfen – hilft allerdings nie, genauso wenig, wie doofe Sprüche helfen – dazwischen macht sie die Marinade für den Salat und deckt den Tisch.

Sie dreht sich zu ihrer Tochter um:

„Holst du Leo ... bitte – hicks."

Am nächsten Tag trifft sie im Bus die Mutter von Max Klein aus Ninas Klasse. Doris merkt, dass die Frau etwas loswerden möchte. Sie hat diesen Blick, „ich weiß was", drauf. Sofort fällt ihr Herr Doktor Melzer ein. Auf den hatte sie gestern komplett vergessen. Ach du liebe Zeit, hoffentlich war es nichts Schlimmes! Schuldbewusst blickt sie auf Frau Klein, die grüßend in ihre Richtung nickt. Sie nickt zurück, was Frau Klein als Aufforderung für ein Gespräch versteht. Bevor Doris noch rechtzeitig wegsehen kann,

legt die Mutter von Max auch schon los.

„Was halten Sie von dem Experiment?", fragt sie sensationslüstern. „Was die sich in der Schule an unnötigen Sachen einfallen lassen, ich weiß nicht, früher haben wir so etwas auch nicht gebraucht." Sie blickt Doris Sommer abschätzend an, bevor sie mit gesenkter Stimme, so als würde sie ein schreckliches Geheimnis mit ihr teilen wollen, fortfährt: „Mein Mann ist übrigens dagegen!" Sie macht eine Pause, Doris hat das untrügliche Gefühl, das sie so etwas wie eine Zustimmung von ihr erwartet und nickt sicherheitshalber mit dem Kopf. Das scheint der guten Frau zu genügen. Sie nimmt einen tiefen Atemzug und bringt ihr nicht mehr ganz taufrisches Dekolleté in Position. „Möglicherweise wissen Sie es nicht, aber Florian ist im Gemeinderat!"

Wieder ein Nicken von Doris begleitet von einem „Hm." Frau Klein rückt näher und meint verschwörerisch: „Sagen Sie es nicht weiter, aber er wird Schritte dagegen unternehmen!"

„Mhm", sagt Doris neutral und denkt hektisch: „Ich habe keinen Schimmer, worum es eigentlich geht."

Aber das scheint die Frau des Gemeinderats weder zu interessieren, noch zu stören. Gnadenlos fährt sie fort: „Zu unserer Zeit, gab es so etwas nicht. Die Kinder kamen auch ohne ganz gut zurecht. Und …", sie blickt Frau Sommer triumphierend an, „es kostete nichts!"

„Was soll denn etwas kosten?" Nun war Doris doch neugierig geworden.

„Na, die Giraffensprache!", platzt Frau Klein heraus und schaut sie dabei empört an. Wobei Doris nicht herausfinden kann, ob sie über ihre Unwissenheit oder die Giraffensprache empört war.

„Alter Platz", tönte es aus dem Lautsprecher und Doris Sommer muss, einerseits bedauernd, andererseits erleichtert aussteigen, ohne die sie nun mehr und mehr interessierende Information, erhalten zu haben. Was, um alles in der Welt, hat Kurt da unterschrieben?

„Also, das ist hier, wie in einer Schulklasse!", bemerkt die Zank erbost. Sie war, bevor sie in Pension und blitzschnell von ihrer Schule in den Gemeinderat wechselte, langjährige, bei Eltern und Schülern gleichermaßen gefürchtete Dorfschuldirektorin. Ihre orangefarbenen Haare, die sie mittlerweile mit Henna bearbeitet, um eine nicht mehr vorhandene Jugendlichkeit vorzutäuschen, hat sie zu einem mächtigen Turm hochgesteckt. Nie, niemals sieht man sie ohne diesen bedrohlichen Turm, der die Aufgabe hat, sie größer erscheinen zu lassen, als sie in der Tat ist. Ihren mächtigen Busen trägt sie stets wie ein unzerstörbares Bollwerk vor sich her und schüchtert so eventuelle, an ihrer Person interessierte Antragsteller ein, noch bevor sich diese überhaupt ihrer Absichten bewusst sein konnten. Dabei hat sie eine heimliche Schwäche für Michael, was dieser jedoch nie zu bemerken scheint, obwohl es für alle anderen ein offenes, für Heiterkeit sorgendes Geheimnis ist.

Sie seufzt, offensichtlich bevorzuge Herr Herzner die Sorte Frauen, die eher einer Bohnenstange als einem orangen, runden Kürbis gleichen. „Nun ja! Zur Sache!" Mit energischem Griff rückt sie ihre mächtige Frisur zurecht und besinnt sich auf das Problem, weswegen der Gemeinderat einberufen worden war.

„Liebe Mitglieder, lieber Gemeinderat", beginnt sie mit befehlsgewohnter Stimme. „Wir sind heute zusammengekommen, weil einige unserer Wähler und Wählerinnen sich besorgt zu unserem neuen Schulprojekt geäußert haben. Ich selber habe unserer jungen und aufstrebenden Lehrerin, Frau Brigitte Harrer, dieses klassenübergreifende Sozialprojekt empfohlen und ans Herz gelegt.

Wie sie wissen", eine leichte Röte überzieht stolz ihre Wangen und wetteifert mit ihrem Henna gefärbten Turm auf dem Kopf,

„wie sie wissen, werde ich immer noch hin und wieder in meiner Funktion als Gemeinderätin und Fast-Schulinspektorin zu den Leitersitzungen eingeladen."

Fritz Wittmann gähnt und Susanne verdreht die Augen. Ungeduldig wedelt Mag. Gruber, der von dieser Walze von einer Frau, einfach zur Seite gedrängt worden war, mit den Händen. „Zur Sache, Frau Kollegin, wenn ich bitten darf. Wir alle wissen, dass sie immer noch ihren wohlwollenden Blick auf unsere Schule haben."

„Warum sind sie eigentlich nicht Schulinspektorin geworden?", fragt mit unschuldigem Lächeln Fritz Wittmann und beugt sich zu Susanne, die zu ihm gerückt war, um den Knie-Attacken des immer forscher werdenden Michael Herzners zu entkommen.

„Dann wären wir sie los", flüsterte er und wieder muss Susanne ein Kichern unterdrücken.

„Bei der letzten Leitersitzung haben mehrere Kolleginnen ..."

„Ehemalige Kolleginnen", ergänzt ungerührt Fritz Wittmann.

Gertrude Zanks Blutdruck beginnt ungesund anzusteigen und

sie ringt um Fassung. Mit unterdrückter Wut mustert sie den vorlauten Fritz und am liebsten würde sie ihm eine Strafe aufbrummen. Zum Beispiel: „Du sollst nicht dazwischenreden, wenn Erwachsene sprechen!"

Sie räuspert sich und beginnt erneut: „Einige Direktorinnen haben in ihren Schulen bereits Gebrauch von dem neuen Schulprojekt ‚Soziales Lernen' gemacht und durchaus positive Rückmeldungen gegeben. In einfachen Schritten soll den Kindern von Frau Mag. Petra Wieser, einer hervorragend ausgebildeten Fachkraft, Streitkultur und soziale Kompetenz vermittelt werden. Ich verstehe ehrlich gesagt die ganze Aufregung nicht."

„Darf ich dazu etwas sagen?", meldet sich Florian Klein, es hätte nicht viel gefehlt und er hätte aufgezeigt. Wohlwollend neigt die ehemalige Direktorin und fast Schulinspektorin ihr rot gefärbtes Haupt. Der verhaltensauffällige Fritz kann von Florian etwas lernen. Vielleicht sollte sie auch im Gemeinderat das Giraffenprojekt einführen? Ärgerlich stellt sie fest, dass es eine Kleinigkeit gibt, die zwischen ihr und der Macht, zu tun, was nötig ist, steht. Nämlich der amtierende und im Moment Bier anzapfende Bürgermeister Horst Obermüller und seine gleichermaßen ehrgeizige, wie intrigante Frau Klothilde, genannt Klothi.

„Wir, meine Frau und ich, sind ein bisschen ratlos. Unser Sohn rebelliert und wenn wir etwas sagen, wirft er uns seine Gefühle an den Kopf und beschwert sich, weil wir seine Bedürfnisse missachten. Meine Frau meint, das muss ein Ende haben. Ich ... Ich soll den Gemeinderat dazu bewegen, dass dieses Schulprojekt nicht weitergeführt wird – sagt meine Frau."

„Ja, aber sehen sie nicht das Gute daran?" Die ehemalige Direktorin ereifert sich. „Lassen sie doch Neues zu und haben sie keine Angst vor Veränderung!"

„Und was soll ich meiner Frau sagen? Sie mag keine Veränderung!"

3 In der Schule - oder nicht alle sind gleich

In der ersten Reihe an der Fensterseite sieht Petra Wieser ein gefaltetes Papier auf dem Schreibtisch von Niko liegen, mit einer selbstangefertigten Zeichnung in Rot und Schwarz. Es ist eine Warnung.

*Ein durchgestrichener Totenkopf, darunter steht „STOP!"
Niko selbst hat die Hände vor der Brust verschränkt
und hält den Kopf gesenkt.*

Brigitte Harrer zuckt entschuldigend mit den Schultern und hebt resigniert ihre Arme, während Petra Mühe hat, über den originellen Einfall nicht laut loszulachen. Ihre Mundwinkel zucken, als sie sich, um den nötigen Ernst bemühend, die Kinder auffordert einen Sesselkreis zu bilden. Die Mädchen und Buben der 3a drängen mit Sesseln bewaffnet in die Mitte, als gälte es, einen Rekord zu erzielen, in Wahrheit will jeder neben seinem Wunschnachbarn sitzen und auf gar keinen Fall übrig bleiben. Brigitte und Petra verteilen Zeichenblätter,

auf denen ein Herz abgebildet ist.

„Habt ihr euch schon einmal überlegt, was euch am Herzen liegt, was ihr braucht, damit es euch hier in der Klasse gut geht?" Petra stellt aus den Augenwinkeln fest, dass Niko immer noch hinter seinem Totenkopf-Schutzschild Stellung bezogen hat und keinen Versuch unternimmt, zu den Kindern in den Sesselkreis zu kommen. „Ich möchte mit euch eine kleine Übung machen. Zeichnet oder schreibt alles, was euch dazu einfällt, in das Herz hinein."

Niko registriert, dass Petra auch auf ihn zukommt. Demonstrativ rückt er sein Schild ein Stück weiter nach vorne und unterstreicht damit wortlos seine Forderung, sich ihm nicht zu nähern.

"Niko, was wünscht du dir von den Kindern in der Klasse?", fragt Petra, ohne auf das Schild zu achten.

Niko schaut nicht einmal auf, sondern zieht demonstrativ die Brauen über seinen Augen zusammen. Ein Zettel flattert auf seinen Tisch, ein leeres Herz liegt vor ihm, er wird ganz sicher nichts hineinschreiben. Die Schritte von Petra entfernen sich, sie geht zum Sesselkreis und schaut den Kindern beim Arbeiten zu.

Die Herzen werden erst zögernd, dann mit immer mehr Wünschen gefüllt und mit Zeichnungen verziert, streitende Kinder werden gemalt und durchgestrichen, „mitspielen dürfen", steht da, „nicht ausgelacht werden", wird von den meisten Kindern gefordert, „Ruhe beim Arbeiten", „nicht nerven", „viele Freunde", steht auf den meisten Herzen, „gehört werden", schreibt Nina in rosaroter Mädchen-Schönschrift.

„Wenn alle fertig sind, kann jeder über sein Herz reden und den anderen sagen, was für ihn wichtig ist. Niko kommst du zu uns in den Kreis?" Niko schüttelt stumm den Kopf, alle akzeptierten es, sie sind es gewohnt.

Petra gibt ihm die Zeit, die er braucht, um ihr zu vertrauen. Nicht jeder will sich gleich öffnen, manchmal dauert es einfach ein bisschen länger. Sie richtet ihre Aufmerksamkeit nicht auf die Probleme, die ein Kind macht, sondern auf die Probleme, die ein Kind hat.

Die Kinder in der Klasse sind es gewohnt, dass Niko sich zurückzieht und hinterfragen es nicht mehr. Doch genau da wird Petra ansetzen. Sie wird den Kindern eine neue Sichtweise anbieten. Eine neue Perspektive kann vieles verändern. Doch zunächst möchte sie herausfinden, welche Bedürfnisse die Kinder haben.

Erst schüchtern, dann immer selbstbewusster, zeigen die Kinder ihre gezeichneten Herzen und sprechen über ihre Wünsche und Bedürfnisse.

„Viele von euch wünschen sich, dass sie nicht mehr ausgelacht werden", stellt Petra fest, „kommt das oft vor und möchtet ihr das ändern?"

„Ja!", alle schreien durcheinander und heben die Hand. „Ok, was können wir tun, wie können wir das ändern und wer soll damit beginnen?"

„Alle müssen beginnen!", stellt Max energisch fest, „das ist doch klar!" Niko hebt den Kopf und beobachtet, was im Sesselkreis passiert. „Wie kriegst du alle dazu", rutscht es ihm heraus.

„Na, ich sage es."

Niko steht auf und beugt sich vor.

„Ha! Und alle müssen machen, was du bestimmst?"

Max überlegt und deutet auf Petra. „Sie soll beginnen, sie ist der Chef!"

Petra hebt abwehrend ihre Hände. „Das wird nicht funktionieren, fürchte ich, außerdem hat das nichts mit Chef-Sein zu tun. Wer beginnt mit einer Veränderung in der Klasse?", wiederholt sie die Frage. „Die Frau Lehrerin, der Nachbar neben dir, die erste Reihe, die letzte Reihe?"

„Benni soll beginnen, er ist Klassenbester", schlägt Niko vor, er hat seinen Platz verlassen und stellt sich hinter die sitzenden Kinder.

„Aber das geht nicht! Er kann es nicht bestimmen!" Max fährt sich verzweifelt durch die Haare.

„Ich beginne", sagt Nina so leise, dass keiner der diskutierenden Kinder sie hört. Doch Petra hat genau auf diese Antwort gewartet und fragt: „Nina, magst du uns noch einmal vorlesen, was dir am Herzen liegt?"

„Ich möchte, dass man mich hört", flüstert sie verlegen.

Alle Kinder schauen sie an und Petra nickte ihr aufmunternd zu. „Kannst du wiederholen, wer beginnen soll, etwas zu verändern?"

„Ich!"

„Das gilt aber nur für dich!", regt Max sich auf.

„Außer, ich fange auch an", erklärt Benni, der das Prinzip verstanden hat. Doch nicht nur ihm geht eine Glühbirne auf, nacheinander rufen die Kinder der 3a:

„Ich, ich, ich, ich ..."

Petra lacht: „Wer soll sonst beginnen, wenn nicht ich, wenn ich warte, dass jemand anderer beginnt, wird gar nichts passieren!"

Sie geht zu jedem Kind und hält ihre Hand hoch, alle schlagen ein, fast alle. Zuletzt steht sie vor Niko und hält ihm die Hand hin. „Machst du mit, bist du dafür, dass wir beginnen, uns zu verändern, mit dem ersten Schritt, dass keiner mehr ausgelacht wird?"

Niko sieht sie an, merkt, dass sie es ernst meint, ihn respektiert, alle respektiert und hebt seine Hand und schlägt so fest ein, dass Petra das Brennen noch lange spüren wird.

Sie nimmt ein gelbes Plakat und schreibt mit einem schwarzen dicken Stift: „Vertrag" und darunter: „Ich werde ab heute 15. März 2016 niemanden mehr auslachen." Dann dürfen die Kinder der 3a, eines nach dem anderen feierlich und mit dem gebührenden Ernst unterschreiben.

Es gibt Probleme in der Klasse und nicht alle kommen von den Kindern. Einige bringen die Konflikte, von zu Hause mit in die Schule. Petras Augen bleiben an Nina hängen. Nina ist sehr verschlossen, irgendetwas beschäftigt sie. Es ist Zeit, mit den Eltern zu reden. Brigitte findet, dass auch die Eltern mitarbeiten sollen und wird einen Elternabend vorschlagen.

4 Stammtisch oder Das Fragezeichen des Herrn Bürgermeister

Bürgermeister Horst Obermüller hält seinen Kopf gesenkt und dreht unschlüssig die vor ihm liegenden Papierseiten hin und her. Susanne Liebling schaut fasziniert auf seine Brille, die langsam, aber sicher, auf seinem Nasenrücken nach unten rutscht. Mit einem leicht genervten Schnaufen, schiebt er sie dorthin zurück, wo sie hingehört, wobei er sie nicht einmal benötigt, da er das vor ihm liegende Schreiben ohnehin nicht lesen wird, weil Susanne ihm kurz vor der Sitzung eine Zusammenfassung gegeben hat. Leider blieb keine Zeit mehr, um sich ein wenig über den Akt „Giraffensprache" ein Bild zu machen. Nun ja, er würde, so wie immer, improvisieren.

„Aus gegebenem Anlass sind wir hier im ‚Blauen Elch' inoffiziell und zwanglos zusammengekommen, da ich eine Unterschriftensammlung unserer Bürger und Bürgerinnen vorliegen habe, die Einspruch gegen das Schulprojekt der sogenannten ‚Giraffensprache' an unserer Volksschule erhoben haben."

Dr. Thomas Melzer zeigt auf, was Gertrude Zank wohlwollend bemerkt. Aus Gewohnheit, zeichnet sie ein Sternchen unter den Namen ihres ehemaligen Schülers, der wie alle anderen Anwesenden auf einer Namensliste angeführt ist. Doris Sommer bemerkt es und befürchtet eine Schluckauf-Attacke. Horst Obermüller rückt schnaubend seine sich ständig selbstständig machende Brille zurück, wo sie hingehört. Er muss morgen dringend zu seinem Optiker gehen, kommt es ihm in den Sinn, denn das nervt gewaltig. Ebenso wie der nie zu reden aufhörende Thomas, der schon in der Schule ein Kotzbrocken und Besserwisser war.

Der Bürgermeister lässt sein Doppelkinn auf die Brust sinken und blickt über den Rand seiner Brille, ein Gähnen unterdrückend, ungeduldig zu seinem ehemaligen Schulfreund. „Was gibt's, Thomas? Aber fasse dich kurz, bitte!"

Dr. Melzer verzieht sein Gesicht, als hätte er Zahnschmerzen, kommt jedoch, ohne auf die Beleidigung einzugehen, gleich zur Sache. „Seit diese Mag. Supergescheit, eh, ich meine diese Mag. Wieser in der Schule die Ordnung durcheinander bringt, fordert unser Sohn Niko Veränderungen und belehrt uns, dass er bereits damit begonnen hat, und seine Eltern sich gefälligst seinen Vorstellungen anzuschließen haben, da sonst nichts passiert." Er, Dr. Melzer, hat allerdings nicht die geringste Ahnung, was passieren soll. Zu diesem Punkt verweigerte sein Sprössling jede Erklärung.

Ein großes Fragezeichen beginnt, sich in des Bürgermeisters Gesicht abzuzeichnen. Er will den Ausführungen des ehemaligen Strebers Einhalt gebieten, doch der, einmal in Fahrt gekommen, fährt ungebremst fort: „Außerdem hat Leo Sommer Niko nicht nur vom Fußball ausgeschlossen, weil er angeblich die Bedürfnisse der anderen missachtet und sich über Regeln hinwegsetzt, sondern ihm vorgeworfen, dass er sich als einziger in der Schule nicht an den neuen Vertrag hält." Ein Stöhnen begleitet das Wort „Vertrag". Er, als Rechtanwalt, kenne sich mit Verträgen aus und laut Schulgesetz, dürfen von Schülern keine Verträge unterschrieben werden. Sollte sein Sohn Niko dennoch eine Unterschrift abgegeben haben, so sei dies zweifellos unter Gruppenzwang geschehen, da er von seiner Frau und ihm als freier Geist, selbstständig, mit einer eigenen Meinung erzogen worden sei und sich prinzipiell nicht automatisch der Mehrheit anschließe.

„Zum Abschluss möchte ich der Ordnung halber noch anmerken, dass ich, als einer der wenigen, der mit dem Ausdruck ‚Giraffensprache' etwas anfangen kann, dieser prinzipiell positiv gegenüber stehe." Mit erhobenen Augenbrauen bleibt sein Blick wie zufällig an der Mutter von Niko hängen.

Frau Sommer merkt, wie sich ganz leicht, aber unaufhörlich ein Ziehen unter ihrer Kopfhaut bemerkbar macht. Was zum Donnerwetter, hat Kurt unterschrieben? Das klingt ja viel komplizierter als sie angenommen hatte. Als hätte ihr Noch-Mann und bald Nicht-mehr-Mann, ihren innerlichen Hilfeschrei gehört, öffnet sich die Tür vom „Blauen Elch" und Kurt Sommer kommt mit jugendlichen Schritten, sportlich, gutaussehend in das Lokal und steuert mit strahlendem Lächeln auf seine Noch-Frau und bald Nicht-mehr-Frau zu. Gertrude Zank rückt blitzschnell zur Seite, um dem gutaussehenden Kurt einen Platz zwischen ihr und seiner Noch-Frau freizumachen. Er grüßt in die Runde und fragt zur großen Erleichterung von Doris: „Warum sind wir hier?

Was ist die Giraffensprache?"

Auch das ist Kurt! Unkompliziert, offen und charmant. Eine leichte Röte, breitet sich in ihrem Gesicht aus, als er in alter Gewohnheit seine Hand auf ihre legt.

Susanne stößt den Bürgermeister in die Seite, nimmt unauffällig die Brille, die nun vollends, auf seine Brust gerutscht ist an sich und räuspert sich. Ein kurzes Schnauben, erschrocken blickt Horst um sich, außer seiner Frau Klothi und Susanne hat keiner bemerkt, dass er kurz weggenickt war.

Horst Obermüller blickt sich hilfesuchend um, beginnt, die vor ihm liegenden Blätter ratlos von einer Seite auf die andere zu schaufeln, will sich, wie gewohnt in politisch ausweichende Sackgassen verstricken, als die ehemalige Direktorin sich erhebt, was ein bedrohliches Wackeln des roten Turmes auf ihrem Kopf zur Folge hat.

„Nun, ja", sie sieht sich streng in der Klasse, äh, am Stammtisch des blauen Elchs um, „da es sich offensichtlich um haarsträubende Irrtümer, oder gar komplettes Unwissen handelt, schlage ich vor, dass wir uns an den Tatort begeben, wo sich jeder einzelne ein Bild über die Giraffensprache machen kann. Frau Mag. Wieser hat mich gebeten, Ihnen heute den Termin für einen Elternabend bekanntzugeben."

Da sie als Pädagogin gewohnt ist, alles im Blick zu haben, ist ihr nicht entgangen, dass Fritz mit Susanne tratscht und wieder einmal nichts mitbekommen hat, während Thomas sich vorbildlich Notizen macht und Florian verunsichert zu seiner Frau blickt, die, ihrem Gesichtsausdruck nach zu urteilen, aussieht, als hätte sie in eine Zitrone gebissen.

Schwungvoll holt sie aus ihrer Aktentasche einen Stoß Zettel und ihre ehemaligen Schüler und Schülerinnen befürchten zu Recht eine Hausaufgabe.

„Ich möchte euch bitten, diese Aufzeichnungen bis morgen zu lesen und pünktlich um 17:00 Uhr beim Elternabend zu erscheinen."

5 Elternabend

Am Gang vor dem Klassenzimmer der 3a sind Sessel aufgereiht, auf denen die Eltern bereits Platz genommen haben.

„Also das geht eindeutig zu weit!" Margit Klein, eingeklemmt zwischen Thomas Melzer, der nach ausgiebigen Notizen seine goldene Füllfeder zuschraubt und in seiner Aktentasche verstaut, und ihrer Freundin, der Bürgermeistersgattin Klothilde Obermüller, schaut sich nach Gleichgesinnten und Verbündeten um. Dabei spitzt sie ihre Lippen und hebt die Augenbrauen, während sie ihren Kopf wie ein Habicht

nach links und rechts dreht.

„Wie kommen wir dazu, uns von dieser Frau Magister Wieser in die Schule beordern zu lassen, nur weil wegen ein paar ungezogener Fratzen uns allen ein unnötiges Sozialprojekt aufs Auge gedrückt wird!", ereifert sie sich und wischt dabei ruckartig mit ihren Fingern über ihren Rock, um imaginäre Brösel wegzuwischen. Die ordentliche und ihrer eigenen Meinung nach stets korrekte Margit ist vermutlich mit einem Staubtuch zur Welt gekommen. Neben ihrem untadeligen Haushalt ist sie sich ihrer kulturellen Verpflichtung als Gemeinderatsgattin durchaus bewusst, doch jeden Unsinn muss sie nicht mitmachen! Missbilligend wirft sie einen Blick auf diese schreckliche Mutter von Leo, die eine Packung Papiertaschentücher öffnete und sich lautstark die Nase putzt.

Klothi klopft ihrer Freundin zustimmend auf die Schulter und meint für alle hörbar: „Das kommt davon, wenn einige Eltern ihren Erziehungsaufgaben nicht nachkommen. Das Niveau in dieser Schule lässt zu wünschen übrig, ich muss dringend mit dem Herrn Bürgermeister sprechen."

Die Mutter von Leo wedelte mit dem Papiertaschentuch in ihre Richtung. „Aber Sie sind doch seine Frau, warum sagen Sie nicht einfach, dass sie mit Ihrem Mann sprechen müssen?"

Klothi schnappt nach Luft und stöhnt: „Keine Kultur!"

Thomas Melzer nickt zustimmend und durchbohrt Doris Sommer mit seinen Blicken. Davon konnte er sich gestern, bei seinem Besuch, gründlich überzeugen. Was kann man auch schon von alleinerziehenden Müttern erwarten? Erst vergraulen sie den Ehemann und dann kommen sie alleine nicht zurecht. Das hätte sich die gute Frau vorher überlegen sollen. Er denkt an seinen Sohn Niko, der von Leo vom Spiel ausgeschlossen wurde, weil er sich nicht in ein anderes Kind *einfühlen* wollte. Seit wann müssen Männer sich einfühlen, das sind ja ganz neue Sitten. Dieser Frau Mag. Supergescheit würde er gleich vor versammelter Elternschaft ihre Kompetenz absprechen.

Mitten in seine Überlegungen hinein öffnet sich die Tür und Brigitte Harrer, Lehrerin der 3a, bittet die Eltern in das Klassenzimmer. Am langen Tisch haben bereits Gertrude Zank und eine junge Frau in einem hellen Kostüm mit weißer Bluse und blonden Haaren, die zu einem losen Knoten zusammengebunden sind, Platz genommen. Doris sieht nervös auf die Uhr, Kurt hat versprochen, pünktlich zu sein. Nachdem sich alle gesetzt haben, begrüßt Gertrude Zank die Anwesenden und stellt Frau Mag. Petra Wieser vor. „Ich habe Ihnen gestern eine Zusammenfassung der Giraffensprache mitgegeben und möchte Sie nun bitten, allfällige Fragen, die noch offen sind, an unsere Expertin direkt zu richten."

Petra Wieser nickt den Eltern zu und noch bevor sie einen Mucks machen kann, eröffnet Rechtsanwalt Dr. Thomas Melzer das Feuer. „Wie kommen Sie dazu, in einer Volksschule mit den Kindern Verträge abzuschließen?"

„Und was ist mit den *Bedürfnissen*, die unsere Kinder plötzlich haben, warum wird die bis jetzt gut funktionierende Ordnung auf den Kopf gestellt?", schießt Margit Klein dazwischen.

„Ich war noch nicht fertig!", weist Thomas gereizt Margit zurecht, die, so erinnert er sich, schon in der Schule immer unaufgefordert dazwischengeredet hat.

„Wenn ich warte, bis du fertig bist", bemerkt spöttisch die Gemeinderatsgattin, „sitzen wir morgen immer noch hier."

Ihrem Mann Florian bricht der Schweiß aus, er macht Anstalten, zu vermitteln, lässt es schließlich bleiben, da er aus Erfahrung weiß, dass seine geliebte Margit, einmal in Fahrt gekommen, es hasst, unterbrochen zu werden und er, abgesehen davon, keinerlei Lust verspürt, in ihre Schusslinie zu geraten.

Die Situation wird entschärft, weil alle lachen, nur Gertrude Zanks Hautfarbe nimmt den gleichen Ton wie ihre Haarpracht an. „Wir wollen niemanden auslachen!" brüllt sie, in die sich teilweise bestens amüsierende Elternschar hinein.

„Mein Sohn fordert die *Giraffensprache* für Eltern und *Ich-Botschaften* anstatt *Du-Botschaften*, während meine Tochter alles doof findet!" Doris Sommer nützt die Streitpause, die durch das Einschreiten der resoluten ehemaligen Direktorin, entstanden ist.

6 Die „Giraffensprache"

Frau Mag Wieser steht von ihrem Sitz auf und stellt sich kurz vor. Sie hat ein offenes und sympathisches Auftreten und sieht jeden einzeln an, bevor sie beginnt:

„Ich freue mich, dass sich so viele Eltern für unser Sozialprojekt in der Schule interessieren und kann gut verstehen, dass sich einige von Ihnen kein klares Bild von der sogenannten Giraffensprache machen konnten und daher ein wenig verunsichert sind."

Sie lacht und fährt ungezwungen fort: „ Sehr gerne beantworte ich alle Ihre Fragen und möchte vorher kurz das Projekt ‚Gewaltfreie Kommunikation' – kurz GFK – vorstellen: Bei jedem Gespräch treten wir miteinander in Verbindung, wobei sich verbale und nonverbale Kommunikation im Idealfall ergänzen sollen, denn nur dann sind wir auch authentisch. Heranwachsende sind gute Beobachter, daher sind die Botschaften, die sie von uns Erwachsenen erhalten, entscheidend für ihre gesamte Persönlichkeitsentwicklung. Ich möchte den Kindern in diesem Projekt lernen, dass sie Verantwortung für eigene Gedanken, Gefühle und Handlungen übernehmen. Dazu gehören die Förderung ihrer sozialen Kompetenz, sowie die Förderung von Empathie und Perspektivenübernahme, das Erkennen unterschiedlicher Sichtweisen. Aber auch Erkennen von Gewaltsituationen und die Reduktion von aggressivem Verhalten. Jede Art von Gewalt entsteht dadurch, weil wir die Ursache eines Konflikts dem Fehlverhalten unseres Gegenübers zuschreiben. Dabei sollten wir an unsere Verletzlichkeit denken, daran, was jeder von uns fühlt, befürchtet oder ersehnt."

Frau Mag. Petra Wieser hebt ihren Arm, dreht sich im Kreis, und zeigt dabei auf die Wände, die mit bunten Plakaten und Zeichnungen vollgeklebt sind.

„Darf ich Sie bitten, sich die Arbeiten ihrer Kinder zu dem Thema anzuschauen?"

Die Eltern rücken mit ihren Sesseln, stehen langsam auf und beginnen, sich wortlos die Gruppen- und Einzelarbeiten ihrer Sprösslinge anzuschauen.

Dr. Thomas Melzer bleibt vor einem gelben Plakat stehen, auf dem dreiundzwanzig Unterschriften in allen Farben abgegeben worden sind. Er putzt sich die Brille, setzt sie umständlich wieder auf und liest, wobei er die Lippen mitbewegt, die in schwarzen Großbuchstaben gehaltene Überschrift: „Vertrag". Direkt darunter steht: „Ich werde ab heute 15. März 2015 kein Kind meiner Klasse auslachen."

Peinlich wird ihm bewusst, dass er sich nie für den Inhalt des Vertrages interessiert hat, sondern ohne zu hinterfragen, worum es bei der Unterschriftensammlung eigentlich ging, erst einmal dagegen war und sich darüber hinaus auch noch empört darüber geäußert hatte.

Er dreht sich irritiert um und hätte beinahe Petra Wieser umgestoßen, die direkt hinter ihm aufgetaucht ist. „Ist damit Ihre Frage beantwortet?" Sie sieht ihn freundlich an und bevor er antworten kann, drückt sie ihm ein zusammengefaltetes Papier in die Hand. „Das hier braucht Niko nicht mehr. Alle Kinder in der Klasse haben gelernt, dass sie verschieden sind und unterschiedliche Bedürfnisse haben, und sie sich deshalb auch in ein Kind, das anders denkt, einfühlen sollen, anstatt es auszulachen." Thomas entfaltet die Zeichnung seines Sohnes und betrachtet nachdenklich die Warnung mit dem Totenkopf.

„Niko ist sehr schnell wütend und grenzt sich damit selber aus. Wir haben gemeinsam herausgefunden, was ihn wütend macht, welches Bedürfnis hinter seinem Gefühl steckt."

Petra geht ein paar Schritte weiter, zu einem Plakat, auf dem ein *Fotoapparat,* ein *Herz*, eine *Schatzkiste* und ein *Fenster* von den Kindern in einer Gruppenarbeit gezeichnet wurden. Ein paar der Eltern folgen ihr interessiert.

„Das hier ist die geheimnisvolle Giraffensprache", erklärt sie augenzwinkernd. „Ich stelle Kindern ein Modell vor, das sie in Streit- und Konfliktsituationen anwenden können. Sie bekommen Werkzeuge in die Hand, die sie in vier Schritten einfach und schnell umsetzen können. Mit dem Symbol *Fotoapparat* wird festgehalten, was bei einem Streit wirklich passiert, was gesehen und gehört wird. Es darf immer nur einer sprechen und der andere hört zu. Dabei stellen wir häufig fest, dass nicht immer gehört wird, was gesagt wurde. Bei dem Symbol *Herz* geht es darum, dass wir unserem Gegenüber ehrlich und klar unser Gefühl sagen, weil niemand davon ausgehen kann, dass jeder weiß, was wir empfinden. Beim Symbol *Schatzkiste* geht es um unsere Bedürfnisse, wir sagen dem anderen, was wir von ihm wollen. Je besser es uns gelingt, unsere Gefühle mit unseren Bedürfnissen zu verknüpfen, umso einfacher ist es für andere, einfühlsam zu reagieren. Als letztes Symbol steht das *offene Fenster* für unsere Bitten, die wir klar und positiv formulieren. Bitten dürfen niemals mit Forderungen verwechselt werden!"

Dr. Melzer schaut ein wenig betreten auf die anderen Eltern, die ebenfalls verlegen die Projektarbeiten ihrer Kinder betrachten.

Doris Sommer steht vor einem roten Plakat, auf dem viele Herzen mit Wünschen aufgeklebt sind. Mit den Augen sucht sie den Namen ihrer Tochter, ihr Herz klopft schneller, als sie liest: „Ich möchte gehört werden!" Eine vertraute Hand wischt die Tränen weg, die plötzlich in ihren Augenwinkeln hängen. Kurt ist unbemerkt neben sie getreten und legt seinen Arm um ihre Schultern.

„Ich habe mir vor lauter Arbeit und Stress zu wenig Zeit für die Kinder genommen, ich hätte mit ihnen reden, ihnen zuhören sollen, stattdessen habe ich Leo nur angebrüllt und Nina ignoriert."

Petra hat die Worte von Ninas Mutter gehört und drückt ihr vier kleine Symbole in die Hand, eine Kamera, ein Herz, eine Schatzkiste und ein Fenster. „Wenn Sie möchten, können Sie damit auch zu Hause eine Giraffenecke einrichten, hier in der Schule funktioniert es schon sehr gut."

Die Giraffensprache nach Marshall B. Rosenberg – Überblick und Zusammenfassung

Bei meiner Arbeit an Volksschulen konnte ich beobachten, dass das Thema Gewalt schon in dieser Altersgruppe an Bedeutung zunimmt. Dabei war immer deutlicher zu erkennen, dass neben der körperlichen Gewalt, wenn Kinder andere Kinder behindern, schlagen, verletzen oder Gegenstände von anderen zerstören, die wesentlich subtilere Form der verbalen Gewalt einen großen Anteil hat. Bei der verbalen oder auch psychischen Gewalt werden Kinder durch Gleichaltrige beleidigt, beschimpft, bedroht, eingeschüchtert oder vom gemeinsamen Spielen ausgeschlossen.

Jeder Mensch hat das Bedürfnis, gemocht zu werden. Leider wenden Kinder oft die falsche Strategie an, um dieses Bedürfnis zu erfüllen. Wird ein Kind ausgeschlossen, reagiert es oft mit Beschimpfungen und tätlichen Angriffen, anstatt mit den anderen zu kommunizieren.

In einem aktuellen Fall, zu dem ich in eine Volksschule gerufen wurde, sollte Niko in eine andere Klasse/Schule versetzt werden, weil er seine Mitschüler immer wieder beschimpft, geschlagen und angespuckt hat.

Die Mitschüler beginnen ihn zu meiden. Weil er gemieden wird, schimpft, schlägt und spuckt er.

Spruch aus dem vorliegenden Buch: *„Wenn du tust, was du immer getan hast, bekommst du, was du immer bekommen hast!"* Ein sogenannter *„Teufelskreis"* ist entstanden.

Der Lösungsansatz liegt darin, das Bedürfnis von Niko (was steckt dahinter?) mit Hilfe der Giraffensprache herauszufinden.

Das heißt: Nicht vermuten, glauben, verdächtigen, warum Niko so reagiert, sondern REDEN und ZUHÖREN!

Im ersten Punkt – **die Beobachtung** – sagt Niko, worum es geht.

Nach einigem Nachfragen, stellt sich heraus, dass er von Jan vom Fußballspiel ausgeschlossen wurde.

Im zweiten Punkt – **das Gefühl** – sagt Niko, wie es ihm dabei ergangen ist. Er war wütend und traurig.

Im dritten Punkt – **das Bedürfnis** – sagt Niko, dass er wieder mitspielen möchte.

Niko reagierte auf Ermahnungen der Lehrerin trotzig. Je öfter die Lehrerin ihn ermahnte, umso trotziger wurde er (Teufelskreis). Dabei war sein Bedürfnis „einfach": Freundschaft und dazuzugehören.

Wir haben gemeinsam den Fall in der Klasse besprochen und an dem Problem gearbeitet.

Wobei ich auf unterschiedliche Wahrnehmungen/Vorurteile hingewiesen und zur Situation passende Übungen bzw. Spiele in den Workshop eingebaut habe.

Jan hat sich bei Niko entschuldigt. Die Fußballkinder haben ihn unter der Auflage wieder ins Team geholt, dass er seine Wut unter Kontrolle halten muss. Zwei Buben haben sich als Helfer angeboten. Jan wird Niko nicht mehr provozieren, sondern ihn dabei unterstützen, seine Wut besser unter Kontrolle zu haben.

Von diesem Fall gibt es ein Protokoll der Lehrerin, die ihre eigenen Wahrnehmungen in Bezug auf Niko ebenfalls geändert hat.

Bei meinen Workshops „Miteinander reden" beginne ich meist mit einer Einzelarbeit, bei der die Schüler und Schülerinnen ein Herz zeichnen und ihr Bedürfnis hineinschreiben.

Anschließend werden in einem Sesselkreis alle Herzenswünsche vorgestellt und die Kinder werden dazu angeregt, ehrlich und klar über ihre Bedürfnisse zu reden.

Gemeinsam wird besprochen, was besser gemacht werden kann und was verändert werden soll.

Besonders spannend ist die Frage: „Wer soll mit der gewünschten Veränderung beginnen?"

Die Kinder diskutieren – *wie im vorliegenden Buch beschrieben* – so lange miteinander, bis sie dahinterkommen, dass nur man selbst etwas verändern kann. Das ist für viele eine einschneidende Erkenntnis!

Nacheinander rufen die Kinder: „Ich selber!", und stellen sich auf ihren Stuhl.

Wenn alle stehen, rufen sie gemeinsam: „Ich selbst bin verantwortlich!"

Um die Nachhaltigkeit sicherzustellen, können Helfer und Streitschlichter gewählt und eingesetzt werden. Auch Verträge, wie *„Wir wollen ab heute niemanden mehr ausschließen"*, können gemeinsam beschlossen und für alle sichtbar im Klassenzimmer ausgehängt werden (Text und Illustration im Buch).

Kinder möchten gehört werden, wünschen sich Respekt. Vor allem aber wiederholt sich immer wieder ein Wunsch: Nicht ausgeschlossen und nicht ausgelacht zu werden.

Durch den zu frühen und teilweise auch unkontrollierten Gebrauch von Handy und Internet hat das Konfliktverhalten eine zusätzliche Plattform bekommen. Vermehrt ist ein gesellschaftlicher Druck spürbar, in dem die Kinder die „richtigen" Klamotten, das coole Smartphone, die angesagten Spiele besitzen müssen, um dazuzugehören. Das wiederum fördert Konkurrenzdenken, Neid und Eifersucht.

Die „echten" Bedürfnisse der Kinder haben in der Regel mit Freundschaft zu tun. In unmittelbarem Zusammenhang damit stehen jedoch auch altbekannte Druckmittel: „Wenn du nicht spielst, was ich möchte, bist du nicht mehr meine Freundin/ mein Freund!" Auch Einladungen zeigen, wer „dazugehört" und wer nicht. Und es wird zu immer subtileren Mitteln gegriffen, wie das nachstehende Beispiel zeigt.

In einer dritten Klasse Volksschule meldet sich Anna, die ein Problem mit Zoe hat. Anna erzählt von ihrem Problem. Zoe muss aufmerksam zuhören und darf dazu nichts sagen. Erst im Anschluss stellt Zoe ihre Sichtweise dar und Anna wird genau zuhören.

Beobachtung von Anna: „Zoe hat mich aus der *Gruppe* rausgeschmissen!"

Gefühl von Anna: Sie ist traurig und kann seither nicht gut schlafen, es geht ihr schlecht.

Bedürfnis von Anna: Sie wünscht sich die Auflösung der *Gruppe*.

Beobachtung von Zoe: Sie wird rot im Gesicht und wirft Anna vor, dass ihre Aussage nicht stimmt.

Sie ist zornig und wünscht sich, dass die *Gruppe* bleibt.

Ein Mädchen aus der Klasse meldet sich und bestätigt, dass

Anna aus der Gruppe entfernt wurde, weil sie diese auflösen möchte. Sie leidet sehr unter dieser *„Gruppe"*. Ich frage nach, warum das Mädchen von dem Rauswurf weiß. Die Lehrerin und ich erfahren, dass es sich um eine *„WhatsApp-Gruppe"* handelt.

Zoe manipuliert per Handy sechs Mädchen ihrer Klasse. Weil Anna mit ihrem Handy nur einen sehr eingeschränkten Zugang zum Internet hat, weiß sie nicht immer, was die anderen über sie „chatten".

Den meisten Schüler und Schülerinnen ist nicht bewusst, dass dies auch eine Form von Gewalt ist.

Deshalb ist es wichtig, die Kinder hier aufzuklären, mit ihnen zu reden und sie vor allem auf die Not des anderen aufmerksam zu machen und sie diesbezüglich zu sensibilisieren.

Die Aussage eines Kindes – *„das tut im Herzen weh"* – hat mich darin bestärkt, mich schwerpunktmäßig mit dem Thema *„verbale Gewalt"* zu befassen.

Vor einigen Jahren habe ich das Projekt *„Miteinander reden"* entwickelt. Ergänzt wird es durch mein Buch *„Ein Stern für die 3a"*, das sich an Rosenbergs *„Gewaltfreie Kommunikation"* orientiert und das Thema kindgerecht und spannend vermittelt.

Zielsetzung ist, Kinder im Schulalltag zu unterstützen und ihre soziale Kompetenz zu stärken. Damit ein möglichst vorwurfsfreier Dialog entstehen kann, sollten so genannte **„DU-Botschaften"** vermieden werden.

Schwerpunkte sind:

- **Zu erfahren, wie man Bedürfnisse und Gefühle ausdrückt, ohne zu kritisieren oder zu verurteilen**

DU-Botschaft: Mutter Doris Sommer stürzt in das Zimmer ihres Sohnes und brüllt: „Du bist undankbar, du denkst nur an dich, du nervst!"

Das Bedürfnis der Mutter: Sie möchte Ruhe haben.

Sohn Leo interpretiert: „Ich bin der Mutter lästig, sie mag mich nicht!"

ICH-Botschaft wäre: „Ich bin sehr müde, ich brauche etwas Ruhe."

Leo erkennt: Meine Mutter ist müde

DU-Botschaft: „Du hast mich enttäuscht, weil du dein Zimmer nie aufräumst."

ICH-Botschaft: „Ich war enttäuscht, weil dein Zimmer auch heute nicht aufgeräumt war."

• **Eigene Anliegen zu formulieren, ohne zu drohen**

Leo stürzt aus dem Zimmer, die Tür knallt, er ist wütend!

DU-Botschaft: „Du platzt hier einfach rein, ich hau hier ab!"

Seine Mutter interpretiert: Leo ist frech und muss bestraft werden.

ICH-Botschaft wäre: „Ich habe mich geärgert, weil du ohne anzuklopfen in mein Zimmer kommst."

Hinter seinem Gefühl steht das Bedürfnis, in seinem Zimmer ungestört zu sein.

Die Mutter weiß jetzt: Leo möchte, dass seine Privatzone respektiert wird.

- **Unausgesprochene Gefühle hinter feindseligen oder aggressiven Äußerungen wahrzunehmen**

Aus den Augenwinkeln bemerkt die Mutter, dass ihre Tochter Nina still in der Tür steht.

„Hast du die Hausaufgaben gemacht?"

„Mach ich nicht, ist blöd!"

„Was ist blöd?"

„Alles, was die Frau sagt."

DU-Botschaft: „Du redest Unsinn! Gib vollständige Antworten!"

Nina interpretiert: Mutter hat keine Zeit für mich.

Sie zieht sich zurück.

ICH-Botschaft wäre: „Ich kann nicht verstehen, was du meinst. Komm her, und erzähle es mir."

Nina weiß jetzt: Mutter nimmt sich für mich Zeit.

- **Beobachtungen dem anderen ohne Beurteilung und Bewertung mitzuteilen**

Am Gang vor dem Klassenzimmer der 3a sind Sessel aufgereiht, auf denen die Eltern bereits Platz genommen haben. Margit Klein: „Wie kommen wir dazu, uns von dieser Frau Magister Wieser in die Schule beordern zu lassen, nur weil wegen ein paar ungezogener Fratzen uns allen ein unnötiges Sozialprojekt aufs Auge gedrückt wird!", ereifert sie sich.

Klothi klopft ihrer Freundin zustimmend auf die Schulter und meint für alle hörbar: „Das kommt davon, wenn einige Eltern ihren Erziehungsaufgaben nicht nachkommen." Missbilligend wirft sie einen Blick auf diese schreckliche Mutter von Leo. „Das Niveau in dieser Schule lässt zu wünschen übrig."

Margit Klein und Klothi Obermüller sind ein Paradebeispiel an Verdächtigungen und Vermutungen. Sie teilen eine Beobachtung mit, bei der sie Frau Mag. Wieser und Doris Sommer beurteilen, ohne die Hintergründe zu kennen.

- **Bitten anstatt zu fordern**

Bitten, die nicht von Bedürfnissen und Gefühlen begleitet werden, können wie eine Forderung klingen.

Die Worte „sollte" oder „hätte" leiten Forderungen ein und führen zu Widerstand.

Wenn der andere davon ausgeht, dass er beschuldigt oder bestraft wird, wenn er nicht zustimmt, bleiben ihm zwei Möglichkeiten: Unterwerfung oder Rebellion. Forderung übt Zwang aus.

Um bei den Schülern und Schülerinnen das Erlernte nachhaltig in Erinnerung zu behalten, wird die weitere Arbeit mit dem Buch *„Ein Stern für die 3a"* und den dazu gehörigen Arbeitsblättern im Unterricht empfohlen. Beispiele, wo in einer „Giraffenecke" im Klassenzimmer Streitfälle zwischen Kindern mit Hilfe der zuvor erlernten Rituale „aufgearbeitet" und häufig auch gelöst werden, sind besonders erfreulich.

Viele positive Rückmeldungen von Kindern, Lehrerinnen und Lehrern sowie Eltern haben mir gezeigt, dass „miteinander reden" auch in der Praxis funktioniert.

 Ihre Elfriede Wimmer
Kinderbuchautorin
Einzel- und Teamcoach
Kreativtrainerin

Fotos
von Workshops
an Schulen

Eigene Anmerkungen

Was liegt mir am Herzen?

Eigene Anmerkungen

Die 4 Schritte der Giraffensprache

Eigene Anmerkungen

Einfühlen und Verstehen

Eigene Anmerkungen

Abschlussarbeiten und Orden für 300 Kinder

Eigene Anmerkungen